AF542653

L5h
1619

Souvenirs de la Guerre de 1870-71

EXTRAIT

DU

CARNET d'un VOLONTAIRE

PAR

Victor CRU

Bazeilles, septembre 1870.

LILLE
IMPRIMERIE A. DEVOS, RUE DE BÉTHUNE, 49

1902

Souvenirs de la Guerre de 1870-71

EXTRAIT

DU

CARNET D'UN VOLONTAIRE

Bazeilles, septembre 1870 (1).

J'ai vu, dans mes voyages, bien des ruines de tous genres : ruines produites par la main du temps et par la main des hommes, ruines de châteaux, de monastères, de villages, de villes mêmes ; mais je n'ai rien vu d'aussi désolant, d'aussi lugubre que le bourg de Bazeilles, où s'est passé un des épisodes les plus épouvantables de la bataille de Sedan (2).

---

(1) *La France du Nord,* Boulogne-sur-Mer, du 16 octobre 1878.

(2) Bazeilles, bourg et commune du canton sud de l'arrondissement de Sedan (Ardennes), au confluent du Chiers et de la Givonne ; à 3 kilom. 1/2 sud de Sedan, possédant deux châteaux,

J'ai visité ces débris le lendemain de ce jour néfaste, sous un ciel sombre, et j'ai voulu les revoir la nuit, pendant qu'une lune splendide brillait au ciel.

Impossible de peindre ce spectacle : toutes maisons détruites, tous murs écroulés et noircis par le feu. On se croirait dans une de ces cités antiques, foudroyées par la vengeance divine, et où la vie ne s'est plus réveillée depuis des siècles. Oh ! la guerre ! la guerre ! quelle chose affreuse quand elle s'en prend même aux objets inanimés. Mais, qu'est-ce donc quand on songe aux créatures humaines qu'elle fauche, qu'elle écrase, qu'elle brûle vivantes !...

---

dont l'un fut habité par Turenne. Les Prussiens le pillèrent et l'incendièrent le 2 septembre 1870 ; ils y commirent des atrocités indignes de gens civilisés, pour se venger des pertes que leur avaient infligées nos troupes la veille. Honteux de cet acte, le général Von der Thann esseya de s'excuser en juillet 1871, en affirmant mensongèrement que plusieurs bavarois avaient été blessés par des coups de feu tirés du village, et que d'ailleurs le nombre des morts avaient été exagéré ! Singulière façon d'écrire l'histoire. — On y voit la maison de la *Dernière cartouche*, théâtre de la scène qu'a popularisée le pinceau de A. de Neuville. — Il y a aussi l'*ossuaire*, dont l'exhibition profanatrice des héros morts sur le champ de bataille fait l'objet de nombreuses protestations ; tous ceux qui l'ont vu en sont sortis pleins d'indignation et de colère. « C'est un sacrilège qui dure » depuis trop longtemps. Que l'on rende à la terre les restes de » nos glorieux soldats, et qu'on laisse l'espoir, à ceux qui » mourront un jour pour la Patrie, qu'ils ne finiront pas dans » un semblable musée des horreurs. » UN CAPITAINE.

Ces réflexions, que je faisais pendant que j'avais sous les yeux ce douloureux spectacle, portèrent naturellement ma pensée vers ceux qui, il y a quelques jours à peine, habitaient ce village qui, aujourd'hui, terrifie les regards. Il y avait là plus de deux mille personnes vivant heureuses et paisibles, et, aujourd'hui, combien en reste-t-il ? A l'heure où j'écris ces lignes, il ne s'en est retrouvé que le tiers, m'assure-t-on ; le reste est mort, de la mort la plus horrible. Les plus heureux sont ceux qui ont été massacrés, car la plupart ont été brûlés vifs...

J'allais m'éloigner de ce théâtre de dévastation, d'incendie et de mort, lorsque j'appris que, dans un hameau voisin, se trouvait une septuagénaire et un enfant de dix mois, tout ce qui restait d'une famille de onze personnes...

On m'offrit de me conduire auprès de la vieille Thérèse ; j'y allai, non sans un serrement de cœur. Sa vue, le récit qu'elle me fit, marqueront parmi les plus vives impressions de ma vie. C'est assez dire qu'il m'est impossible de rendre cela comme je le voudrais. Je dois donc abréger de beaucoup, et surtout m'abstenir de répéter les violentes imprécations dont cette bonne femme semait à tout instant son langage. Je raconte, je laisse au lecteur le soin d'apprécier.

— Je vivais, me dit-elle, avec mon frère, célibataire, mes deux fils, mes deux filles, l'une veuve, l'autre mariée, plus quatre jeunes enfants.

Quoique nous ne fussions pas riches, nous étions heureux, car la maison que nous habitions nous appartenait, nous gagnions notre vie, nous vivions dans la plus parfaite union et contents de notre sort.

Le 30 août, nous apprenons que les Français s'avancent de nos côtés et les Prussiens aussi. Cependant nous espérions que l'action s'engagerait sur nos hauteurs et que nous n'aurions rien à craindre. La bataille commença en effet le lendemain et, pendant tout un jour, le sol trembla et l'air fut plein de bruits terribles. Enfin, le le soir nous vîmes apparaître nos troupes harcelées par l'armée prussienne. La défense était opiniâtre. Dans nos champs, dans nos jardins, dans nos rues, il y eut des luttes sanglantes. Un grand nombre de nos vaillants soldats avaient pénétré dans les maisons pour mieux se défendre.

Il faut savoir que dès qu'ils avaient appris ce qui se passait, mon frère, qui avait servi sous Napoléon Ier, mes fils et mon gendre, qui faisaient partie de la garde nationale, avaient chargé leurs fusils pour résister à l'invasion ennemie. Moi-même, je dois le dire, je les avais encouragés...

Eh bien! ce fut notre malheur à tous, et cependant, rien n'était plus légitime que la défense de nos foyers. Bavarois et Prussiens virent que, parmi les soldats, il y avait des habitants de l'endroit et, dès ce moment, le sort de Bazeilles fut décidé!

Quel sort, Monsieur ! Quelle atroce vengeance on tira de nous, des innocents comme de ceux qui s'étaient battus ! Il est impossible de s'en faire une idée. Ah ! que ne suis-je pas morte avec les autres ; car j'aurai éternellement devant les yeux les horreurs que j'ai vues. Les Prussiens tuèrent tout ce qu'ils purent tuer, mais ce n'était pas assez Ceux qui s'étaient cachés dans les caves, partout, devaient périr aussi. Ne pouvant les atteindre, on décida qu'ils mourraient écrasés ou brûlés sous les débris de leurs demeures. On entoura non seulement le bourg, mais encore des groupes de maisons et même des maisons isolées, et on mit le feu, et ceux qui voulaient fuir en étaient empêchés (1)... Tenez, quand je songe à cela, je deviens folle de douleur et de rage, je perds la parole... Je me bornerai donc à vous dire que des dix enfants et petits-enfants que j'avais, il ne me reste que ma petite Lucie, encore au berceau. Et comment l'ai-je conservée ? Comment moi-même suis-je parvenue à m'échapper ? Je vais vous le dire.

J'étais sortie de la cave où nous nous étions réfugiés, sauf les hommes ; je voulais savoir ce qui se passait. J'entrai dans une pièce où se trouvait un crucifix et

(1) Tels furent, en maintes circonstances, les procédés des sujets du roi de Prusse, procédés contraires à toutes les lois de la guerre. Louis XIV anoblissait ceux de ses ennemis qui se défendaient vaillamment.

mon chapelet. Je m'agenouillai et priai avec ferveur. Tout à coup, j'entendis la voix de mon frère qui m'appelait.

Il vint à moi, son fusil à la main, l'air égaré...

Il y avait de quoi : mes deux fils venaient de tomber à ses côtés et il s'était aperçu que la maison allait brûler... Il me dit : Fuyez par la porte du jardin ; Jeanne et Julienne (c'étaient les noms de mes filles) viennent de partir avec les enfants, à la garde de Dieu, Faites comme elles !

— Et vous autres ? lui demandai-je.

— Oh ! nous, laissez-nous faire ; notre devoir est de rester. Adieu, ma sœur, adieu, ajouta-t-il d'une voix émue, en m'embrassant et en me montrant le ciel. Et il me poussa dehors.

Les coups de fusils continuaient à éclater, des cris lamentables se faisaient entendre, je voyais partout des flammes, la fumée m'enveloppait.

C'est ainsi que, sans savoir où j'allais, je me trouvais tout-à-coup devant un grand nombre de corps, des deux sexes et de tout âge, étendus sanglants sur la terre. Le premier sur lequel je jetai les yeux... Ah ! Monsieur, quel malheur que vous m'avez parlé de cela !

Eh bien ? C'était ma fille Jeanne...

Ma vue fut un instant obscurcie ; je ne sais pas comment je ne tombai pas morte moi-même. Dieu ne le voulut pas sans doute, car au moment où elle avait été mortellement frappée, ma Jeanne tenait son dernier né dans ses bras, et le pauvre petit être était là vivant, au milieu de tous ces morts, étendu souriant sur le cadavre de sa mère et... cherchant à lui prendre le sein...

Que se passa-t-il alors en moi ?

Je ne le sais, mais je saisis l'enfant et me mis à courir à travers champs, sans plus avoir conscience de rien. Une maison m'apparut, j'y entrai ; c'était celle où vous me voyez.

C'est ici que j'ai appris que je reste seule au monde avec ma chère petite Lucie, ajouta-t-elle en me montrant un berceau où dormait une charmante petite fille, dont je contemplais les traits, les larmes aux yeux et le cœur navré.

Pendant ce temps, la malheureuse vieille femme se tenait la tête dans les mains et sanglotait.

Quand elle eut repris un peu de calme, elle me dit :

— Qu'elle va être ma vie à présent ?

Et cependant il faut que je reste sur la terre pour cet ange là, moi qui voudrais tant aller rejoindre ceux qui dorment... Mais où dorment-ils, mon Dieu ?

Je n'aurai pas même la consolation d'aller prier sur leur fosse.

. . . .

Ce n'est pas un tableau fantastique, c'est à peine une esquisse des horreurs de la guerre follement entreprise qui eut pour prélude le baptême de feu de Saarbruck... et pour épilogue Sedan !...

Qui ne se souvient des journées d'angoises qui marquèrent les derniers jours du mois d'août et les étapes de Boult-au-Bois à Buzancy où, à force d'indécision et d'heures perdues, l'armée marchait pour ne pas se battre, et chaque jour ces troupes, loin de s'aguerrir par des escarmouches continues et des engagements, qui leur auraient donné le sentiment de leur force et l'habitude du feu, s'amoindrissaient au régime dissolvant de la fuite périodique.

Il y aurait trop à dire, et ce n'est pas l'heure de ces détails qui n'entrent pas dans le cadre de ce récit. Mais il est bon de rappeler sommairement cet épisode *de la bataille de Sedan,* où l'admirable infanterie de marine de la brigade du général Martin des Pallières fit des prodiges de valeur. Vers trois heures, une forte colonne de Bavarois parut sur le pont de Bazeilles, et fut d'abord débusquée par nos mitrailleuses; mais ils revinrent vigoureusement à la charge et s'emparèrent du village. La brigade Martin des Pallières, chargée de le reprendre, refoula l'ennemi avec une hardiesse et un élan qui l'honorèrent hautement aux yeux de l'armée. Les Bavarois firent trois nouvelles tentatives contre Bazeilles; mais elles furent vaines, et ils durent repasser vers six heures du soir le pont du chemin de fer.

Le pont de Bazeille, ou Pont-Maugy, était libre et toujours debout; mais il offrait un débouché tout prêt pour l'assaut des colonnes bavaroises. Un lieutenant du génie reçut alors l'ordre formel d'aller faire sauter ce pont. C'était une mesure indispensable, qui pouvait retarder d'un jour le mouvement tournant qui devait nous perdre. Cet ordre ne fut pas exécuté. Cette négligence, dont on n'a pas su la cause, devait entraîner le lendemain des malheurs et des massacres inouïs, et rendre inutile le splendide fait d'armes de la brigade de Martin des Pallières (2).

Les rapports officiels ont appris à la France les principales phases de la bataille de Sedan.

Il serait superflu et inutile de les résumer ou de les reproduire, autant qu'il sera, au contraire, profitable à tous de mettre en lumière et en saillie les sévères enseignements que l'on a pu y recueillir.

En vain la Providence, le sort des armes ont prononcé sur l'Empereur renversé sous le poids de ses fautes. Du pouvoir qu'il avait élevé sur la violation du plus solennel serment, il s'est précipité lui-même dans la captivité. Celui qui a fait verser tant de sang, ne voulait pas risquer le sien. Sa valeur, célèbre dans les bulletins officiels, a fait défaut au champ de bataille, et pour avoir la vie sauve abrité dans un palais, Napoléon III n'a pas hésité à faire de Sedan le tombeau de l'empire, où il a engouffré l'armée que la France affolée avait remise à ce qui n'était que l'impuissance d'un nom...

O fatal mirage !

(2) Le pont de Bazeilles fut franchi le lendemain par les Bavarois dont l'attaque était soutenue par de nombreuses batteries postées sur les hauteurs de Marfé ; — en face de l'artillerie française qui se développait au-dessus de Bazeilles et de Balans.

121

www.ingramcontent.com/pod-product-compliance
Lightning Source LLC
LaVergne TN
LVHW010015230826
846092LV00002B/838